N Wodin

Natascha Wodin
Das Sprachverlies

Natascha Wodin

Das Sprachverlies

Gedichte

claassen

CIP-Kurztitelaufnahme der Deutschen Bibliothek

Wodin, Natascha:
Das Sprachverlies: Gedichte/Natascha Wodin. –
Düsseldorf : claassen, 1987.
ISBN 3–546–49825–9

Copyright © 1987 by claassen Verlag GmbH, Düsseldorf
Alle Rechte vorbehalten
Gesetzt aus der Bembo der Linotype GmbH
Papier: Papierfabrik Schleipen GmbH, Bad Dürkheim
Gesamtherstellung: F. Pustet, Grafischer Betrieb, Regensburg
Printed in Germany
ISBN 3–546–49825–9

Für Günter

Noch einmal lös ich der Liebe die Fesseln
mit unbewachter Hand
und spreche sie frei von allem Verhängten.
Geh Liebe
noch einen Versuch hast du frei
im Spiel ohne Ende und ohne Sieg.

Im Osten suchte ich
das heilige Land meiner Kindheit,
die erste schwache Färbung meiner Haut,
und wie mein Vater mich zeugte
mit dem Haß seines Samens.
Im Osten suchte ich
den achten Schöpfungstag
und fand ihn schwarz von Blut,
vom Stahlglanz jener Göttersonne,
die ich an meinen Schuhen trug.
Ich fand mein Land nicht
im bewachten Schnee,
blieb selber unbetreten
in kaum geborner Schuld
und schlafend mit den Lämmern.
Ich fand mein Land
im Muttertod der großen Vaterländer,
mir schmolz das Haar unter dem Schnee,
das Birkenhaar, das Rabenhaar,
das wilde Hunnenhaar des Ostens.

Soll ich es feiern heut nacht
am funkelnden Altar,
daß dein gestirnter Blick mich fand
auf meiner versteppten Insel,
daß ich dich ansah,
bis mein Blut zu Gold wurde.

Was soll ich feiern heut nacht?
Ich sehe dich überall,
die Zeit schleift tief den Schmerz,
schleift tief dein Gold in mir.

Meine Hände versteckte ich im Schnee
am Nostrjakowskoje,
weit hinter der Stadt.

Lange riefst du mich
in den weißen Bärenberg.
Jetzt hängt mein Herz wie eine Sichel
über deiner Nacht.
Alle Rosen, die ich ausgrub,
sind ausgetrunken.
Ich fragte jeden nach dir.
Jetzt antwortet niemand mehr.
Unsere Gesichter sind leer geworden.
Nur im Traum
blüht mir dein Haar.

Schnee aß ich
in diesem schneegeborenen Land
und trank den Schwarzfluß des Vergessens,
taumelnd durch Städte im rasenden Schmuck,
im Münzlärm einer lieferbaren Sprache.

O seltsam bleiche Zeichnung meiner Netzhaut
und schlecht erkannt die Worte,
die ich selber sprach,
und Blicke, die ich wechselte mit mir
im Glanz der Spiegelflächen.

Die Frist war lange überschritten,
und Winter folgte auf den Winter,
das Wort gefror im Hals.
Wes Haar, das tonlos an den Hecken wuchs,
und wessen Blut war eingebrannt,
so seltsam bleich,
in die Ikone meiner Kindheit.

Mutter
seit ich den Stein in deinen Brunnen warf,
hör ich nur noch sein Fallen.
Es ist, als tropfe dein Mond
mir ewige Schmerzen aufs Haar,
als schmelze ewig ein Grauen,
um nicht zu taufen in deinem Namen.
Ich bin es, Mutter, nie gewesen,
ertrunken in deinen Algen,
im Licht des Dezembers,
in das du mich stießest,
an die eitrigen Wundränder der Welt.
Ich bin es, naß vor Angst,
von der du mir schweigst, Mutter,
in meiner Haut und meinem Haar,
ich bin es, im dunklen Algenland,
unkenntliches Leuchten, Aquamarin
in den schlafenden Lidern.

Die Kindheit begrub ich
tief in der Kehle,
heidnischer Gast
in einem ungeträumten Land –
Land ohne Gedächtnis.
Ich höre das Echo von Stimmen,
weiß nicht, wer da spricht.
Wer täuschte mich:
Feind oder Freund?
War ich es selbst,
stimmte ich zu
dem Schleichhandel der Zeit,
der Fingerübung
allen Vergessens?
Soviel Müdigkeit
wuchs mir aufs Haar
durch die vieltausend Sommer,
da ich sprach und sprach
und nichts sagte
mit erstickter Stimme
im Unkraut.

Nun bist du mir geschenkt,
Kirschgarten im November,
tropfende Nebelfrüchte
am kahlen Geäst.
Für eine Zeit bin ich dein Gast,
dein kranker Gast
mit meinem Steckbrief
unter den Rippen.
Für eine Zeit bin ich dein Gast,
Novembergast,
unheilbar
vor einem Fenster
voller Kirschenblüten.

Mein Herz, das du in den Zähnen hieltest
wie einen Welpen,
mein Herz, in das du hineinstachst
wie in mein eigenes Wunder,
mein Herz, das sich vollgesogen hat
mit Unsterblichkeit,
flirrend im heiligen Wahn,
mein Herz, das du zerdrücktest
in deiner Hand, Fremder,
mein Herz – ich habe es versargt,
mit deiner Stimme darin,
damit sie schweige.

Wort,
das keine Schonzeit kennt
und keine Gnadenfrist,
Nachtfaserwort,
das keinen Frieden stiftet
deinem Gehirn,
dich nicht entläßt
aus der Einzelhaft.
Wort,
das Nacht für Nacht
mit dir zubringt
im Sprachverlies,
vermummter Wächter,
Meister der Lichtchiffren
in dunklen Wunden,
Sterbenswort.
Wort,
das keine Antwort gibt,
den leeren Himmel hütend,
den Schlaf der Steine.
Nachtwort,
das seine schwarze Fahne
nach mir wirft –
wortlos.

Ein Zimmer für mich allein:
ich wollte sie annehmen,
die Gezeiten der Angst
und der Träume,
die Mondwechsel der Wildnis
auf bleichen Tapeten,
die unverheilten Stimmen,
die keinen Mund fanden in mir,
den schäumenden Saum der Nacht
auf der Stirn,
den schwarzen Zenit,
der mir du sagte.
Doch der März graute,
und sie füllte ihre Taschen
mit Steinen.

Es dreht sich die Zeit
und gebiert noch einmal
den Frühling.
Doch immer noch
schreien die Möwen
im Norden
nach neuen Kalendern,
Eis in den Schnäbeln.

Betrogen ist alles:
der Pappel freies Grün,
der Meridiane Blütenregen,
der Schmerzen Schmerz,
die deutsche Sprache,
des Mondes blaue Hand,
in der die Hügel schlafen,
trunken vor Mai.
Betrogen ist dein Ginsterhaar, Eirene.
Neue Todesarten stehen bevor.

In Blütengischt versunken,
mein Haus am Dorfesrand.
Was trieb mich her,
in die Umarmung blauer Bäume,
in der Lupinien Schattenbrand?
Auch hier das Dröhnen der Choräle
der Panzer, die die Saat verheern,
und keine Taube
mit dem Zweig des Ölbaums
wird aus der Sintflut wiederkehrn.
Es wacht im Fenster dieser Arche
Geranienglut, vom Mai entfacht,
am Zaun stählt sich die wilde Distel
schon für das Fest der letzten Sommernacht.
Und bunt geschuppt treib ich, wie alles,
ich treibe wasserwärts,
mit uferlosem Auge
und angstertrunknem Herz.

Im frühen Morgen
sang eine Schwalbe,
sang, wie es ist
in anderen Ländern.
Vielleicht, dachte ich,
vielleicht
in einer Stadt am Meer.

Ich bin
ein Name
ein Jahrgang
ein Geschlecht
ein Familienstand.

Aber was wäre ich
ohne die Sehnsucht
nach dem,
was ich nicht bin.

Ich habe
sechs Röcke
drei Paar Hosen
vier Blusen
acht Pullover
drei Kleider.

Draußen, im Wind,
flattert die Fahne
meiner Haut,
naß und untauglich,
daß ich sie anziehe.

Oh Land, das mir die Lippe spaltet,
wenn ich es nennen soll.
Als wäre dies mein Land,
als wär dies meine Lippe.

An eine deutsche Freundin

Mai hängt an dir, und in Blaues verwandelst
du meine Traurigkeit.
Sag mir, wer bist du, daß du dieses Land,
so schwer behangen, mir rötest mit Heimat,
daß du dieses Wort, dreimal verflucht,
süß aufbluten läßt in tiefen Rinden.
Sag mir, was ich nicht sagen kann,
geboren in andrer Sprache.
Du meine Traurigkeit.
Nachts träum ich, Rike,
von deinem Riekenhaar.

Irgendwo
das Schicksal festbinden,
am Schilfblatt
oder an der Wolke,
meiner schwermütigen Schwester.
Doch auch sie sind gestorben,
Schilfblatt und Wolke.

Schon lange schlaf ich
im Kristall,
von keiner Zeit gerufen,
zähle nicht mehr
die Jahresringe im Auge,
die zehnfach gehämmerten Worte,
für die kein Schmerzensgeld
gezahlt wird.
Irgendwo schmiegt sich
Blau an Blau.
Alles andere ist fremd.

Nie sprach ich von Dingen,
die mich berührten.
Unbetretbar das Land
meines leuchtenden Dunkels,
meines sprachlosen Herzens,
wo blutgierige Vögel nisten,
betrunken von meinem Wort.

Wirr steigt der Tag
aus meiner Stirn,
das Unbewohnte zwischen
den Nächten, die maßlos
reden in mir,
in meiner Ohnmacht
vor aller Welt.

Wüsten kriechen durch
mein Gehirn und tonlose
Sonnen, niederbrennend
die Schalen zum weißen Kern.

In diesem dunklen Sommer
such ich mein Schreien,
das leise schläft
an den Mauern, den duftenden
Mauern im grellen Jasmin.
Voller Harz ist mein Mund,
verstopft von den Worten,
die ich nie sprach.
Aber mit meinem Schlaf
schreit der Himmel
über dem nie gesehenen Meer,
mit meinem Atem
schreit ein Sturm,
der die Flaggen bricht.
Wohin fällt meine Sprache,
das eine zu sagen:
daß nichts sagbar ist.

Dunkel, der Himmel zwischen uns,
abgestürzt in die Krebsangst,
in alltägliche Wörter,
die wir erloschen sammeln.
Nur der Funke der Iris verrät uns,
der immer noch aufblinkt
über der Lüge, der Feigheit,
der Selbstverstümmelung.
Alles geht weiter wie bisher,
ohne uns,
die Liebe verbrennt in den Büchern,
wir zündeln mit,
versengen uns die Finger
am Leben, mehr nicht.
Und du, der nahste,
bist der fernste Stern.

Diese Nacht voller Rosen,
purpurnes Schmerzleuchten
in der Dunkelheit.
Mein Körper kennt den Zerfall
und die Urangst der Toten
bei ihrer Auferstehung,
wenn der Hahn kräht
zum siebten Verrat.
Höher wächst das Rot
auf den Morgen hin.

Grüne Wüste, grüner Orkan,
grünes Inferno, grüner Wahn.
Grünes Gestöber, grünes Gebrüll,
grünes Nirwana im Chlorophyll.
Sommerorgie, trunken und still,
grünes Verbluten, blindes Idyll.

Viele Sommer kamen
mit der Fallsucht der Sterne,
ich schlief nicht und redete
in den Nächten mit irrer Stimme,
stand auf mit brennenden Haarspitzen
und ging ihn suchen,
den verweinten Wald der Geschwister.
Dort lagen wir, in einem Grab von Moos,
Wurzel an Wurzel,
zwei Schlafende ohne Gesichter.

Ich weiß nicht, wohin ich will:
Dort zu den Fernen
zum Hornstrauch
zu dir.
Zu staubblauen Sternen
zur Erde
zu mir.
Da ist nur immer
ein Flüstern, ein Schrein
in allen Dingen:
will sein, will sein.

Im Dunkel schmelzen
will mein Ich,
im Atem mit der Welt,
im flüssigen Gestirn,
aus dem ich stamme,
wo ich nicht einzeln bin,
nur Farbe bin
aus allen Farben,
nur Klang
aus allen Klängen –
sekundenlang
in deinen Händen.

Unbewachter Abend, Dämmertier,
kommt zuckend über die Hügel,
mit der roten Wunde im dunkelnden Fell,
die sich schließt unter schattblauem Flügel.

Unbewachter Abend, Dämmertier,
bleibt stehn am Wegrand, geblendet,
bis dort das letzte Lichtgespinst
in lautlosen Tatzen verendet.

Unbewachter Abend, Dämmertier,
starrend aus schräger Pupille,
noch einmal blinkt der Rubin auf am Lid,
dann: Herzuntergang. Atemstille.

Denn ich bin wach
und begehr keine Gnade
von Gottes grünlichem Stern.
Was immer gesät war –
es soll geerntet sein.
Die Scheunen sind gefüllt
mit dem Korn der Verblendung
und den Fässern des Unheils,
randvoll und funkelnd.
Bereite das Mahl
mit blühenden Fingern.

Laßt mich mein Leben träumen
in schöner Finsternis.
Ich wählte mir kein Vaterland.
Nur eine Sprache lieh ich mir,
ein wundes Leuchten auf der Zunge,
die ich an diesen Boden hefte,
auf meiner Kindheit unbekanntes Grab.
Nur eine Sprache lieh ich mir,
ein fremdes Zeichen an der Schläfe,
das mich verwandelt mit dem Licht,
dem weißen, unbewohnten Licht,
aufs Rad der Welt geflochten.

Was frag ich noch
die toderfahrne Erde
nach einem Heimatwort
und nach dem Ende ihrer Kriege,
nach Licht im dunklen Plasma.
Was frag ich noch
nach meiner Zeit und dem,
was unsre Fristen überdauert –
da selbst der Staub,
aus dem wir sind,
schon mit der Erde Wundlicht fahlt
in jenem Brandstaub, der allein
uns fristlos überdauert.

Sturm feiert seine wilde
Hochzeit mit letztem Sommertag,
reißt Baum um Baum an sich
und zaust ihn, goldnes Haar,
das sich vor Wollust rötet.
Es ist ein Taumel in der Welt,
wie er noch nie gewesen,
es schrie die Luft
noch nie so laut,
es hat der Herbst
noch nie so gierig
sich auf das Land gestürzt
zur großen Nebeltaufe.
Septembersturm,
des Himmels Flammenwerfer,
ein Sengen an der Welt,
als sollt sie uns entrissen werden.
Als lüde uns die Erde
in letzter Bläue Rausch
nochmal zum großen Atemtausch.

Noch kaue ich
an verklebten Vokabeln
und wälze sie
durch die Mundgruft,
aber ein Schweigen breitet sich aus
wie wanderndes Eis
oder ein gelber Schwefel,
der durch die Mauern kriecht,
und in den Kellern der Angst
wachsen mir schilfige Wimpern.
    Eine Musik
    streicht mir sanft
    über die Lenden,
    weht durchs All
    und entzündet
    Steppenbrände.

Nun ist der Himmel an die Erde geheftet
mit deiner Stimme –
ich hör mich wieder sprechen:
vergessnes Wort
aus Traum und Schwefel,
vergessnes Wort,
das aus vernarbter Rose bricht.
Geh nicht aus diesem Sommer,
der sich in deinem Namen häutet,
geh nicht aus totgeglaubten Dingen,
die endlich wieder sprechen –
als tauschten Erze ihren Glanz mit Sternen.
Du bist der Brandstifter meiner Furcht,
jetzt, da ich wieder höre: mich selbst
im Zwiegespräch von Himmel und von Erde
an deiner Stimme großen Wundnaht.

Die Träume,
die an den Wänden schlafen
mit geschlossenen Flügeln –
manchmal wachen sie auf
an einem hellichten Tag,
dunkle bengalische Tänzer,
die mich wiedererkennen
am bunten Schwestermal.
Oder sie stehen
plötzlich in der Tür,
stumme Kläger,
die Mündung im Lichtstrahl
auf mich gerichtet.

Wie sich das Jahr entlaubt
mit dem vergeblichen Geruch
nach einem Rest von Rauch
aus nie gewesenen Sommern.
Wie sich das Jahr entlaubt
mit braunen Schauern,
wie die Alleen sich verschleiern
und Trauer dämmert
dem verzückten Ahorn,
der Blatt um Blatt
und ungestillt gerötet
ins wesenlose Ende sinkt.

Der graue Himmel
preßt sich heute an mich
wie ein furchtsames Kind.

Wie töricht erscheint
mir mein Unglück,
das unumstößliche Blendwerk.

Könnte ich endlich
in Wahrheit
Schiffbruch erleiden.

Einst war ich Pflanze oder Tier,
ich war der Atem, blindes Flechtwerk.
Nun irre ich durchs scharfe Licht
der aufgesprungnen Lider,
durchs Denken meiner Fasern,
ein Meer,
das taumelnd selber sich erkennt,
ein Meer,
im Meer ertrunken.

Du tanztest, Kind,
in meinem Traum
im Kleid des Feuervogels.
Du tanztest, Kind,
so federbunt,
du machtest kühnste Sprünge.
Du hörtest nicht
die Bretter splittern,
du stürztest, Kind,
in meinem Traum
in den Theaterkeller.
Dort sah ich einen Tisch gedeckt
für dich mit weißen Särgen.

Frag mich nichts,
denn meine Adern
sind verlassen und lichtlos.
Ich wußte nie,
wo mein Herz entspringt.
An seiner Mündung treib ich
mit meiner blindgeborenen Liebe –
immer auf dich zu,
immer fort von dir.

So bin ich schwer vom Schlaf,
da ich den wahren Weg verlassen habe,
den einzigen, den blinden Weg
der einzigen Seele, die ich habe.
Nun irre ich auf unbekannten Pfaden,
die niemand mir beschrieb,
und weiß nichts mehr vom Menschenatem,
der mir die dunklen Blüten trieb.
Den süßen, unbewachten Weg der Seele
hab ich im Irrlicht dieser Welt verloren
und bin im Graun geboren.
So schwer bin ich vom Schlaf.

Zerstäubt des Sommers Gold.
Das Korn ist eingesargt,
in sanfter Trauer
der versteppten Felder Leuchten.

Die berstende Frucht
erntete der Sommer
aus meinem Gehirn.

Nun geh ich durch das letzte Lächeln,
das abends kauert im Tal,
und meine Zehen ahnen
den unsterblichen Schnee,
der vom Himmel fallen wird.

Da ist noch ein Geschmack
letzter Bläue im Phosphor,
da ist noch etwas ungeschliffen
und ein nackter Rest
an unseren Händen,
da ist, im zerklüfteten Schlaf,
noch ein leiser Wind,
der an der Ohnmacht rüttelt.
Da ist, in deinem Gesicht,
die unverschriebene Tinte,
die ich trinke
in großen Schlucken.

Verstummt, das Gebell der Jahre
und was all die Sommer
mir ins Gesicht brannten.
Da steh ich,
der Narrenjahre Närrin,
durstig im See,
da steh ich
mit entlaubter Stirn,
schwach atmend und versöhnt
mit meiner Verblendung,
mit unbeschriebener Liebe
und den Ungeheuern im Schlaf.
Da steh ich, Tantalos,
in schuldiger Unschuld,
lauschend dem Zersprungnen
und meiner Unsichtbarkeit.

Kämen Briefe
wie weiße Engel
mit Liebesbotschaften,
ich heftete sie
mit Nadeln ans Herz.

Unterwegs –
hätte ich Schuhe zum Gehen
Harz vom Drachenbaum
Feuer vom Dornbusch
einen langen Atem
und eine Sternkarte,
den Weg zu finden.

Fremder Gast,
der das Festlicht gleißen ließ
in meinem Schmerzmuseum
voll goldgerahmter Abstinenzen.
Fremder, vor dem ich stand,
nackt vor Prunk und unbewacht.
Gast, der mich nicht raubte,
der meine Trauer
mit einem Blick besuchte.
Es blieb nur, als er fort war,
das unheilige Licht.

Vergeblich erwart ich mein Leben,
durstiger Kiesel,
schlafloses Schilf
tief in den Nächten.
Vergeblich erwart ich mein Leben,
das kommen müßte
als erste gültige Schuld.

So kalt bin ich mir
über meinem schäumenden Herz.
Einmal erbrach ich Kinderschreie.
Jetzt schläft in meinem Gehirn
ein Getier von Lauten,
in keiner Sprache gezähmt.
So kalt bin ich mir
in euren Worten,
die ihr mich lehrtet,
bis das Geräusch meiner Adern
zu eurem Echo wurde.
Jetzt antworte ich euch
mit eurer Stimme.
So kalt bin ich mir
über meinem schäumenden Herz.

Bin auf der Flucht
vor euch, Worte,
laßt ab von mir.
Hebt mich nicht auf
mit dem Durst meiner Zähne,
die so viel Stein zermahlten,
um Sand zu schmecken.
Hebt mich nicht auf,
ihr Redeworte, Retteworte,
bin auf der Flucht vor euch,
wortab aus Babylon –
auf jenen Turm zu,
der mich ruft,
den Turm am deutschen Neckar,
wo Scardanelli mit dem König
und mit des Äthers Stille spricht.

Erloschen
sind die bunten Horizonte,
der Winterweizen ist gesät.
Nimm deine Zeit
und steck sie dir als Blüte
des Sommers in das seufzende Haar.
Übe die Pulse neu
im Takt des Abschieds,
der schon die Fahnen hißt
an den entlaubten Masten.
Geh mit dem letzten Streifen Blau
aus der verbrauchten Stille,
wo du das Wort verschlissen,
es war noch einmal im Sommerbund
der dunkelnden Erde entrissen.
Du gehst mit ihr
und allem Rest
und bleibst an die Ritze
des Schweigens gepreßt.

Wie der Regen
in meinen Händen rauscht
und alle Säume
schwer von Nässe sind.
Den großen Himmel vergesse ich
über den kleinen Höllen,
die nachts auf meiner Zunge wachsen,
züngelnder Urschleim,
der mich wälzte – bis hierher.
Und weiter?
Der Regen rauscht
in meinen Händen.
Schon werden die Häuser blau
zum schwarzen Abschied,
und alle Säume
sind schwer von Nässe.

Die Tropfen mehren sich
an meinen Fingerspitzen,
und über den Wolken
suche ich mir einen Roboter,
der mit mir spricht,
da die Götter erloschen sind
auf den Sternen
und nicht mehr wandeln
auf den Meeren,
nicht mehr wohnen in Hainen
und der Musenkuß
im Nacken zerbricht.
Ich sah einen Halm,
der nicht mehr blutete,
als er fiel.

Noch einmal kommt das Licht,
und davon will ich endlos sprechen:
wie es auf Hügeln liegt
in trägem Schlummer,
wie es als goldner Regen
auf wunde Äcker fällt,
wie es sich selbst vertropft
und die Septemberrose tröstet,
wie es im Reigen sanfter Luft
mit Schatten spielt,
als wärn sie nicht sein nahes Ende,
ein leichter Tüll nur,
der die letzte Bläue schmückt.

Auf dem Tisch
der Kalender, die Briefwaage
und meine Bücher
schaun mich ratlos an.
Jahr um Jahr fraß ich mich
durch den Schimmel der Schrift
und zerkaute den Saft
schmerzloser Lieben im Schlaf,
das geträumte Licht
strauchelnd von Küste zu Küste
in Ungarettis unschuldigem Land.
Ach, meinem Bruder
flocht ich den Distelkranz ins Haar
beim Spiel in den blauen Mühlen,
denn zerschossen war
unserer Kindheit zimtener Mond.
Lange ertrug ich's
und ging nicht fort,
mich zu ernähren von Blumen –
irgendwo jenseits
des falschen Klangs meiner Stimme,
lange sucht ich mein Wort
im Schmutz unter den Brücken,
wo es lag im Mund meines schäbigen Todes
und unbewacht von den steinernen Engeln.
Lange sitz ich am Tisch
in geduldiger Ohnmacht,
Sturz von den Dächern,
unhörbar wie die eigene Stimme.

Wie soll ich entkommen
den blühenden Gärten
der Täuschung,
hinter der Mauer
die Angst zu berühren,
der ich nie einen Namen gab,
deren Namen ich hüte
unter der Zunge,
eine winzige Kapsel
mit dem tödlichen Tröpfchen
Wahrheit darin,
nichtig und schmucklos,
die ich hüte in mir,
um noch ein wenig zu leben
mit dem schönen Schmuck
von blutrotem Kristall,
der mir noch klingt
in der Trauer,
mit der ich mich kröne
über den Fliegen
auf meinen geschwollenen Lidern.

Ich kann so viele Dinge
nicht mehr nennen,
die Tür, den Tisch,
das Fenster.
So vieles Unnennbare
von mir selbst
wuchs in die Welt,
aus der so viele
Dinge wuchsen
in diese Tür,
in diesen Tisch,
ins Fenster.

Denk dir,
daß wir die Wörter vergessen werden,
schamlos betrunken
vom Nachtschaum der Strände.
Denk dir Gesang
aus den Mündern der Sterne,
gelb von der Eifersucht
Baudelaires und Rimbauds.
Denk dir die Stimme
jenseits der Wörter,
denk dir Gesang
diesseits der Stimme.

Die Frösche des Sommers
waren noch weit.
Nördlich schliefen wir,
am anderen Ende der Zukunft.
Es waren unsere Völker,
stumm bewaffnet,
die uns und unser ungeborenes
Land bewachten
mit schamloser Feindschaft
im unvergänglichen Antlitz.

Wir schliefen nördlich,
am anderen Ende des Sommers.
Im Bett aus Schnee
grünte meine Braue an deiner.

Noch einmal tauschten wir
Glaube
Hoffnung
Liebe,
das stille Blatt im Mund.
Blutrot färbte es sich.

Weine um mich,
wenn der Winter kommt.

Nun sind die Stunden zählbar,
da du gehst,
und Nebel wird dichter
in unserem Atem.
Noch binde ich dich
an das Land meines süßen Mondes,
den ich färbte mit Kinderblau.
Im Moor werd ich stehn,
nebeltrunken am Bahnsteig,
mein Blut verwandeln
in Rabengekrächz.

Sprich. Sag nichts.

Unsere geschuppten Herzen
fielen zurück ins Meer.

Dort liegen wir –
ein Gesicht von Schlaf.

Inhalt